8
LN27
41111

(Conserver la couverture)

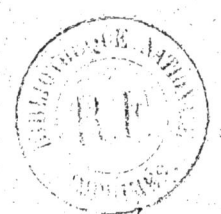

ÉDOUARD CHARTON

—

1807 — 1890

ÉDOUARD CHARTON

SÉNATEUR, MEMBRE DE L'INSTITUT

11 Mai 1807. — 27 Février 1890.

ÉDOUARD CHARTON

†

27 Février 1890

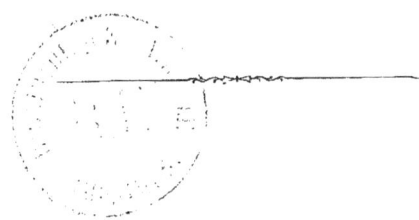

Les obsèques de M. Edouard CHARTON, sénateur, membre de l'Institut, ont eu lieu à Versailles, le 3 Mars 1890.

Parmi les assistants on remarquait plusieurs officiers de la maison militaire du Président de la République, un délégué du Ministre de la guerre, un grand nombre de Sénateurs, de Députés, de Membres de l'Institut, de l'Université, d'hommes de lettres et d'artistes.

Au cimetière de la paroisse Saint-Louis, plusieurs discours ont été prononcés : par M. Frédéric Passy au nom de l'Académie des Sciences morales et politiques, par M. P. Boudier, préfet de l'Yonne, au nom de ce département, par M. A. Perrin, maire de Sens, au nom de la ville natale de M. Charton, par M. Lesbazeilles, ami de la famille.

DISCOURS

de

M. FRÉDÉRIC PASSY

PRÉSIDENT DE L'ACADÉMIE DES SCIENCES MORALES ET POLITIQUES

Messieurs,

C'est au nom de l'Académie des Sciences morales et politiques dont j'ai le douloureux honneur d'être en ce jour l'interprète que je vous retiens quelques instants au bord de cette tombe.

Mais ce n'est pas, que l'Académie me pardonne de le dire, en son nom seul et à titre officiel, c'est en mon nom aussi et à titre personnel comme l'un de ceux qui ont beaucoup connu, c'est-à-dire beaucoup aimé l'homme excellent, l'homme rare, dont nous déposons ici la dépouille, que j'essaye de lui rendre un dernier et insuffisant hommage.

Non qu'il ait besoin de nos paroles, Messieurs. Peut-être sa simplicité ne les eût-elle pas désirées ; et je me demande si en les prononçant nous ne risquons pas de blesser, jusqu'au-delà de la mort, cette modestie si sincère et si profonde qui fut l'un des traits du caractère d'Edouard Charton.

Mais si nos éloges ne peuvent rien ajouter aux mérites de semblables existences ; si, en étant ce qu'ils ont été et en faisant ce qu'ils ont fait, les hommes tels qu'Edouard Charton n'ont eu en vue que la satisfaction de leur conscience, l'approbation de quelques amis dignes d'eux et le désir de rendre témoignage à l'éternelle justice et à l'éternelle bonté dont ils sentaient en leur âme quelques rayons; nous avons besoin, nous, de recueillir, avant qu'elles ne s'effacent, les leçons qu'ils nous ont données et de serrer en quelque sorte dans nos esprits et dans nos cœurs, sous l'émotion de ces heures solennelles, le plus pur de leur héritage. C'est là ce que, s'il m'était donné d'y réussir, je voudrais faire devant vous et avec vous.

Je ne vous raconterai pas la vie d'Edouard Charton. Je ne vous le montrerai pas successivement avocat, journaliste, saint-simonien même, fondateur de publications et de revues dont le nom est universellement connu, attaché au Ministère de la Justice ou à celui de l'Instruction publique, conseiller d'Etat, membre des Assemblées nationales, sénateur et le reste. Tout cela, si je puis dire, ce n'est que le dehors de sa vie. Le dedans, ce qui en fait l'admirable unité et la féconde exemplarité, ce qui marquait, à un titre éminent, sa place parmi les membres de cette Académie des Sciences morales au nom de laquelle je parle, c'est qu'il était un moraliste, j'entends un moraliste pratique, un moralisateur. C'est que pour lui il n'y avait qu'une chose grande et nécessaire ici-bas : aimer les hommes et les servir ; et pour les aimer réellement et les servir efficacement, les améliorer ; éclairer leur esprit pour les préserver des erreurs ; épurer leur cœur pour les détourner du mal et les porter au bien ; et pour accomplir cette double tâche employer toutes les adresses, je dirais volontiers toutes les tendresses que peut suggérer l'affection la plus vive et l'art le plus consommé.

Un juge éminent, M. Villemain, a dit un jour en proclamant une récompense accordée par l'Académie française à l'une des publications d'Edouard Charton : « L'auteur a réussi dans l'art de donner à la curiosité un but salutaire, et d'instruire le grand nombre des lecteurs, même peu préparés, en leur offrant un habile mélange d'amusements, de saines leçons, de surprises agréables pour l'imagination, et de vérités sensibles à l'âme. »

On peut étendre ce jugement à toute l'œuvre de Charton. C'est un maître, un maître exquis dans l'art d'instruire avec agrément et d'élever en charmant. C'est un éducateur, un éducateur non pas de quelques-uns, mais de tous, parce que tous, il le sait bien, à tous les étages de la société et dans les conditions les plus diverses, nous avons besoin qu'on s'occupe de notre éducation intellectuelle et morale.

Qu'à l'âge de vingt-deux ans, il prenne la rédaction en chef du *Bulletin de la Société pour l'Instruction élémentaire* et du *Journal de la Société de la morale chrétienne;* qu'avec Bazard, Hippolyte Carnot et Jean Reynaud, il traverse la période féconde et généreuse du saint-simonisme, pour se retirer avec eux au jour des exagérations et des déviations ; qu'à vingt-six ans, en 1833, il fonde ce *Magasin pittoresque* qui a été, vu la date, sa création la plus originale et est demeurée son œuvre principale ; ou que dix ans plus tard, en 1843, il crée le premier journal politique illustré, l'*Illustration ;* que, dans son *Guide pour le choix d'un état*, il offre à tous les renseignements les plus précieux et les plus sages conseils ; que, secrétaire général du Ministère de l'Instruction publique, il attache avec ses amis son nom à cette Ecole d'administration qui a trop peu vécu et dont, sans l'Ecole libre des sciences politiques, la disparition eût laissé un vide irréparable ; que, en recueillant l'*Histoire des voyageurs anciens et modernes* ou publiant dans le *Tour du Monde* les récits des voyages contemporains, il nous fasse connaître à la fois ce qui a été fait avant nous et ce qui se fait de nos jours pour l'exploration et l'utilisation de cette planète qui est notre commune demeure ; que, dans l'*Histoire de trois enfants pauvres*, il nous montre par des faits authentiques ce que peuvent la volonté et la persévérance pour élever les plus petits et rendre utiles les plus faibles ; que, dans la *Bibliothèque des Merveilles*, il étale sous nos yeux, avec le concours d'hommes compétents et spéciaux que lui seul pouvait grouper et diriger vers un même but, tout ce qui dans les diverses sphères de l'activité humaine ou dans les divers ordres de la nature est digne de notre admiration et de notre étude ; qu'il donne son concours enfin au modeste *Ami de la Maison*, à la *Société de Géographie*, à la *Société Franklin* ou à cette *Bibliothèque populaire de Versailles* qui lui doit tant et pour laquelle je n'ai pas oublié qu'il m'a le premier, jadis, appelé à prendre la parole dans cette ville; partout, toujours, sous les formes les plus diverses, c'est la même pensée qui l'anime, le même dévouement qui le soutient, la même simplicité, la même douceur, la même fermeté dont il fait preuve.

Car il était, cet homme si doux, de la race des intrépides et des courageux qui ne recherchent aucun danger, mais ne reculent devant aucun devoir.

On l'a vu, en décembre 1851, conseiller d'Etat, protester, avec dix-sept de ses collègues, contre la violation de la Constitution ; en 1864, revendiquer, avec Jules Simon et Henri Martin, la responsabilité de sa propagande libérale et demander à être compris dans le procès des *Treize*.

Il était, vous le savez, Messieurs les habitants de Versailles, profondément attaché à votre ville qui était devenue sa patrie d'adoption. Mais parmi les titres qu'elle avait à son affection et à ses sympathies, il en est un que je me reprocherais de ne point rappeler : c'est celui d'avoir été le berceau de la Révolution française. C'est dans la salle du Jeu de Paume que j'ai pour la première fois, il y a un quart de siècle, entendu sa voix persuasive et pénétrante, à côté de celle de son ami et de son émule, Edouard Laboulaye. C'est à lui en grande partie qu'a été due la restauration accomplie plus tard, par un ministre qui a su apprécier ces deux hommes de bien, de cette salle trop longtemps oubliée. C'est lui qui, le premier, avait fait voter et préparer par un concours qui a produit les plus remarquables études, l'érection à Versailles d'un *monument commémoratif de la Révolution française.* Ç'a été l'une de ses douleurs que ce projet égaré au milieu des agitations de la politique n'ait pu être réalisé pour le Centenaire, ou que l'idée première, conçue avec autant de simplicité que de grandeur, en ait été défigurée plus tard par des exagérations prétentieuses et d'ambitieuses déclamations. Ç'a été, permettez-moi ce souvenir, l'une de mes joies d'avoir pu, en rappelant ce vote au Parlement qui l'avait oublié, lui montrer, il y a quinze ou dix-huit mois, que toute trace de ses efforts n'avait point été perdue.

Puissions-nous, en nous en souvenant en face de cette tombe, contribuer à réveiller, chez ceux qui peuvent la payer, le sentiment de la dette qu'ils ont contractée envers cette ville et envers la France ! Puissions-nous surtout, en nous pénétrant des enseignements de cette existence si longue et si bien remplie, comprendre, comme nous le dirait Charton, s'il pouvait nous parler encore, tout ce que nous avons à faire pour élever à l'honneur de la Révolution, à l'honneur de la Liberté, à l'honneur de la France, d'autres monuments que ces monuments de pierres qui ne sont que de vains simulacres, des sépulcres blanchis si les générations qui les élèvent ne se montrent pas dignes de celles qui les ont mérités !

Il faut bien le dire, Messieurs, Charton n'a jamais été découragé ; la veille de sa mort il corrigeait encore des épreuves. Mais il a été, comme beaucoup d'entre nous, attristé. Il a vu avec une douleur profonde nos divisions et nos haines ; il a vu avec scandale les violences de nos polémiques et le ton de nos discussions ; il a vu avec dégoût et terreur l'abaissement d'une partie de notre littérature, le débordement des curiosités malsaines, le goût des lectures sérieuses et des émotions bienfaisantes remplacé par le besoin d'excitations violentes et d'informations cyniques ; et il n'était pas, dans ses dernières années, absolument rassuré sur l'avenir que nous nous préparons à nous-mêmes.

Si nous voulons que nos regrets ne soient pas vains, que nos éloges ne soient pas de pure forme, c'est de ce sentiment que nous devons nous inspirer. Il ne s'agit pas pour honorer dignement les morts de les louer plus ou moins éloquemment, il faut les imiter. Ce ne sont pas des paroles aussi vite fanées que les fleurs déposées sur leur tombe qu'il faut à leur mémoire, ce sont des actes qui, en les faisant revivre, attestent qu'ils n'ont pas perdu leur temps, et que la semence du bien, si largement jetée au vent par leurs mains, n'est pas tombée tout entière sur un sol ingrat et stérile.

DISCOURS

de

M. P. BOUDIER

PRÉFET DU DÉPARTEMENT DE L'YONNE

Messieurs,

J'apporte à M. Charton le dernier adieu du département de l'Yonne qu'il représentait au Parlement et l'hommage des regrets que sa mort a causés parmi ceux qui se glorifiaient à juste titre d'être ses compatriotes ; c'est en effet un grand nom qui disparait, une des gloires les plus pures de notre démocratie.

Philosophe aimable et ingénieux, artiste, orateur et homme politique, Edouard Charton a déployé dans plusieurs genres des qualités qui auraient suffi à illustrer dans un seul un homme moins modeste.

Mais je dois laisser à d'autres le soin d'apprécier son talent sous toutes les faces où il a brillé. L'homme politique seul, le républicain sans défaillance m'appartient; sa longue carrière s'est d'ailleurs déroulée dans une si belle et si sereine unité que quelques mots suffisent à la caractériser.

Edouard Charton était avant tout un initiateur et un vulgarisateur, un ami et un bienfaiteur des classes pauvres ; il a consacré sa vie entière et ses rares facultés à la cause de l'enseignement et de la moralisation populaires. Il a fondé ces nombreux recueils périodiques dont presque tous les titres sont célèbres et qui ont pénétré jusque dans les plus humbles familles. Il y semait à pleines mains des articles charmants et instructifs en conservant soigneusement l'anonymat qui convenait si bien à cette nature délicate et modeste.

Homme politique, son nom reparaît aux époques critiques où la liberté ou la patrie sont en danger; en 1830 et en 1848, en 1851 comme en 1870 et en 1871, ce grand travailleur sortait sans hésitation du silence fécond où il se complaisait aux heures de calme, pour mettre son dévouement au service du pays, et ses concitoyens, le retrouvant toujours vaillant, toujours fidèle à ses convictions, lui confiaient des postes qui n'étaient pas sans péril, ou l'honneur de les représenter au sein de nos Assemblées.

Aujourd'hui il nous quitte après avoir vu le triomphe éclatant et définitif de la République et de ses idées ; il nous quitte en laissant parmi nous des œuvres qui feront son nom toujours durable et le souvenir d'une vie qui est un exemple, et je salue une dernière fois au nom du département de l'Yonne ce démocrate, ce républicain convaincu et cet homme de bien dont le plus bel éloge est dans l'unanimité des regrets qui l'accompagnent dans sa tombe.

DISCOURS

de

M. A. PERRIN

MAIRE DE LA VILLE DE SENS

Messieurs,

Au nom de la ville de Sens, dont il fut l'un des plus illustres enfants, je viens adresser un dernier adieu au grand citoyen dont nous pleurons la perte.

Une voix, plus éloquente et plus autorisée que la mienne, vous a dépeint cette longue carrière si noblement et si laborieusement remplie ; je dois ajouter que Edouard Charton, malgré ses occupations multiples, son travail incessant, ne refusa jamais ni un conseil, ni une démarche, ni un service à sa ville natale et à ses concitoyens.

Mû par un sentiment de reconnaissance, le Conseil municipal de Sens prenait, à la date du 16 novembre 1888, la délibération suivante :

« Considérant que M. Edouard Charton, membre de l'Académie des sciences morales et politiques et sénateur de l'Yonne, est né à Sens le 11 mai 1807, dans la maison portant le n° 10 de la rue Haut-le-Pied, laquelle maison lui appartient ;

« Que par l'intégrité de son caractère et l'honorabilité de sa vie, consacrée tout entière à la cause de l'enseignement populaire et à la défense des idées libérales et républicaines, comme avocat, écrivain, journaliste et membre du Parlement, M. Edouard Charton, entouré de l'estime et de la vénération de tous, honore sa ville natale ;

« Que dans de nombreuses circonstances il a témoigné de la profonde affection qu'il a pour elle et pour ses compatriotes ;

« Et qu'il convient de perpétuer dans la ville de Sens le souvenir d'un des plus éminents de ses enfants, dont la vie laborieuse et si honorablement et utilement remplie est digne de servir d'exemple à ses concitoyens et aux générations futures,

« Délibère :

« La rue Haut-le-Pied sera dénommée à l'avenir *rue Edouard-Charton.* »

M. le Président de la République sanctionna ce vote par un décret.

Quand un homme reçoit, de son vivant, un tel témoignage d'estime, de respect et de reconnaissance de la part de ses concitoyens, sa mort est une perte irréparable, elle est pour nous un deuil public.

Le 28 février, le Conseil municipal de Sens, réuni en séance publique, décidait l'envoi de cinq délégués aux obsèques d'Edouard Charton, puis il levait la séance en signe de deuil.

A l'énumération des immenses travaux d'Edouard Charton, j'ajouterai que c'est à sa généreuse initiative, à son concours dévoué et persévérant que la ville de Sens doit l'érection de la statue de Jean Cousin et la fondation de sa Bibliothèque populaire.

Les deux hommes qui, dans ces temps derniers, ont le plus honoré notre cité, Victor Guichard et Edouard Charton, disparaissent à peu d'intervalle ; ces deux carrières si noblement remplies nous imposent un égal sentiment de reconnaissance et d'admiration.

Animés d'un même amour du bien, patriotes ardents, républicains intègres, ils demeureront aux yeux de leurs concitoyens comme la plus noble incarnation des vertus civiques et le plus bel exemple à offrir aux générations futures.

DISCOURS

DE

M. LESBAZEILLES

———=∽⌒∽⌒=———

Messieurs,

Il ne m'appartient pas de parler de la vie publique de M. Edouard Charton. On vient de nous dire, avec une autorité qui m'eût fait complètement défaut, ce qu'elle fut, et il nous en est resté à tous, n'est-ce pas, cette impression que M. Charton n'a pas été seulement un homme de bien, mais un grand homme de bien. On peut dire qu'il a eu le génie du cœur. Oui, messieurs, il me semble qu'un tel cœur, d'une si riche et si inépuisable fécondité, créateur ou inspirateur de tant de bons livres, empreints de la moralité la plus pure et la plus haute, initiateur et propagateur de tant d'œuvres utiles, de tant d'institutions bienfaisantes, inventeur d'une multitude incessamment croissante de projets excellents qu'il eût fallu plusieurs vies pour réaliser, c'est là une sorte de génie, aussi rare que le génie intellectuel, un génie de l'ordre de la charité, que Pascal, vous le savez, plaçait au sommet de l'échelle des grandeurs.

C'est de la vie de M. Edouard Charton à Versailles, dont j'ai été le témoin assidu, c'est de sa personne, de lui-même, à qui j'étais attaché par plus de trente années d'une intime et respectueuse amitié, que j'essaierai de parler.

M. Charton n'eut pas plus tôt fixé sa demeure parmi nous que notre ville se ressentit de sa présence. Avec lui il entra en elle un élément nouveau, un ferment qui la souleva et la transforma. Les écoles primaires attirèrent particulièrement l'attention de M. Charton. Tous ces enfants que, de sa fenêtre, il voyait aller en classe chaque matin, avaient-ils bien tout ce dont ils avaient besoin? Avaient-ils les vêtements nécessaires pour leur permettre de suivre régulièrement l'école, et de supporter sans trop souffrir la saison rigoureuse? Sinon, il fallait les leur donner, tout de suite, sans tarder. Avaient-ils tous les livres indispensables à leurs études? Sinon, pas une heure à perdre, il fallait les leur donner. Et comme il se trouva, à côté de lui, des hommes de bonne volonté, dont le cœur s'échauffa à la flamme du sien, il y eut bientôt une *Caisse des écoles* à Versailles.

Ce n'est pas tout; dans ces boutiques, dans ces

chambres et ces mansardes que l'on voit dans nos rues s'éclairer le soir, après la journée de travail, que fait-on? Comment ces familles occupent-elles leurs loisirs? Sans profit pour leur esprit et pour leur cœur peut-être. Ne le souffrons pas. Donnons-leur le goût et l'habitude de la lecture en leur offrant des livres, attrayants, instructifs, moralisants. Et M. Charton puisa dans les siens, choisit les meilleurs, en recueillit d'autres, et notre *Bibliothèque populaire*, une des plus importantes et des plus prospères de France, fut fondée. — Ce n'est pas assez; à l'instruction par les livres, il faut joindre l'instruction par la parole. Notre président, M. Charton, gagna à sa cause des professeurs, des savants, et nos conférences, — qui depuis sont devenues célèbres, — furent instituées. M. Charton était-il satisfait? Eh bien! non; souvent il nous grondait, pour nous stimuler. « Et les ouvriers, nous disait-il, qu'en faisons-nous? Ils ne viennent pas à nous, c'est à nous d'aller à eux; amenons-les à des cours faits exprès pour eux, dans des réunions familières, cordiales; qu'ils sentent que nous nous intéressons à eux, que nous les aimons, et vous verrez qu'ils viendront d'eux-mêmes. » Si cette nouvelle partie de son programme idéal et sans fin se fût réalisée, eût-il enfin été content? Non, pas encore, et jamais! Rien n'était fait, selon lui, tant qu'il restait quelque chose à faire. « En avant, toujours en avant, et plus haut! » C'était la devise que proclamaient sans cesse ses exhortations et son exemple. — Cet homme aimable, doux, charmant, était en même temps le plus entreprenant et le plus énergique des hommes d'action. Il avait véritablement une âme d'apôtre.

Nous ne sommes pas quittes envers la mémoire de M. Charton en le remerciant de ce qu'il a fait en faveur de Versailles; notre reconnaissance lui est due aussi pour ce qu'il aurait voulu faire. Il n'a pas tenu à lui, ne l'oublions pas, qu'un monument, grandiose comme le fait qu'il était destiné à rappeler, — le début de la Révolution, le triomphe de la liberté, de l'égalité et de la justice en France, — ne s'élevât glorieusement dans notre cité, qui en fut le théâtre, dominant ses places, ses rues, ses maisons, comme cet événement domine son histoire. Ce fut, en ces dernières années, sa pensée la plus chère. Il aimait passionnément les arts, la peinture, l'architecture, la sculpture, et il rêvait de leur confier la garde et l'illustration de tous les beaux souvenirs de notre passé ; il aurait voulu que chaque ville de France fût peuplée de colonnes commémoratives, de musées, de statues et de bustes, images de ses grands hommes, afin qu'une perpétuelle prédication d'héroïsme, de vertu, pénétrant de tous côtés par les yeux, excitât incessamment dans les âmes et l'amour du bien et l'amour de la patrie.

Mais c'est chez lui, dans son intérieur, au milieu de sa famille, que je voudrais montrer M. Charton, et j'en désespère. Là, dans ce petit royaume qu'il gouvernait, non par l'autorité, mais par la bonté et la grâce, là il voulait que tout allât bien ; il exigeait que tout le monde fût heureux. — C'était son seul despotisme. — Il disait aux siens : « Du moment que l'on est bien convaincu que l'on ne peut être heureux que par le bonheur des autres, on sent s'effacer en soi les défauts qui seraient de nature à leur nuire. » Il leur disait encore : « Le secret du bonheur d'une famille, le voici : c'est que les inégalités qui peuvent se trouver dans les intelligences et dans les caractères ne sauraient troubler l'accord harmonieux de cœurs remplis de bonté et de tendresse. » Candeur charmante, n'est-ce pas? Un complet oubli de soi, de l'affection et de la bonté plein le cœur : le problème est résolu, c'est bien simple et bien facile, et ce l'était en effet pour lui.

Messieurs, c'était une chose délicieuse que la vie qu'il savait faire à sa femme et à ses enfants. Tous ses gestes étaient des caresses ; ses paroles, ses regards, son sourire étaient de continuelles déclarations d'amour paternel. Il n'eût jamais blessé, froissé personne ; il encourageait toujours. Il respectait, il flattait jusqu'aux petits enfants, persuadé qu'on les rend bons en leur disant qu'ils le sont, et vraiment, entre ses mains délicates, cet angélique procédé réussissait. Il faisait de tous les repas de vives causeries, enjouées, élevées, comme des dialogues de Platon ; en même temps qu'un plaisir, c'était un sérieux enseignement, qu'on pourrait résumer en quelques mots : Vivre, c'est aimer et admirer. — On ne peut être heureux sans la sympathie de ses semblables ; voici un sûr moyen de l'obtenir : soyez bons, toujours bons, bons en paroles comme en actions. — Vous entendrez dire qu'un homme doit tout connaître : maxime fausse et perfide! en dehors de l'honnête, la pureté de la conscience s'altère, la dignité s'abaisse. — Ne perdez pas votre temps à chercher et à critiquer les défauts, les laideurs des choses et des hommes, quand vous en avez trop peu pour contempler ce qui est bon et beau. — Ce ne sera pas assez de vous élever vous-mêmes, si vous n'aidez les autres, surtout les petits, les faibles, à s'élever aussi. Ces préceptes, Messieurs, ne sortaient pas seulement de sa bouche éloquente; ils sortaient de toute sa conduite : c'était le sommaire de l'histoire de sa vie.

Si je ne disais pas que M. Charton était profondément religieux, je le trahirais; je supprimerais un élément essentiel de sa vie morale. Oui, il croyait à un Dieu, inaccessible à l'esprit de l'homme, nécessaire et accessible au cœur de l'homme, et il priait ce Dieu. Il me disait un jour : « Je ne me suis jamais endormi sans avoir prié. Je ne sais pas si Dieu m'écoute. Je ne me le demande même pas. Je me mets en sa présence, et là, devant lui, je passe en revue toutes mes affections et tous mes devoirs, d'abord envers les miens, ma femme, mes enfants, mes petits-enfants, que je nomme chacun par son nom, sans en oublier un, puis envers mes amis, puis envers mon pays et envers tous les hommes. Je réveille ainsi ma conscience, je la purifie, je la renouvelle. Je prie aussi pour mon père et ma mère, dont la perte a été la plus grande douleur de ma vie, ou plutôt je les prie eux-mêmes, car je les aime et les vénère aujourd'hui, à quatre-vingts ans, autant et plus que jamais, et j'éprouve un besoin constant de les invoquer, de leur soumettre mes pensées, mes actes, et de leur demander s'ils m'approuvent. Je prierai ainsi jusqu'à mon dernier jour. Je ne pourrais pas m'en passer. » — Aucun homme n'a été religieux plus naturellement que M. Charton. Sa grande culture intellectuelle n'avait ni créé, ni modifié sa foi : elle était instinctive. Il parlait de Dieu comme s'il le voyait; il parlait à Dieu comme un enfant cause avec son père.

La mort ne surprit pas M. Charton ; son grand âge, le déclin de ses forces l'avaient depuis longtemps averti. Il la vit s'approcher pas à pas et, toujours serein, il l'envisagea tranquillement. Il ne la craignait pas. Que de fois, se sentant défaillir, il interrompit sa lecture, son travail, en disant : « La voici ! » et, comme ce n'était pas encore elle, il reprenait son livre ou sa plume. Il ne lui reprochait qu'une seule chose, c'était d'affliger ceux qui l'entouraient et de qui il se savait si ardemment aimé. Je ne suis pas sûr qu'il n'éprouvât pas une sorte de remords de devenir pour eux, lui qui avait consacré sa vie à leur bonheur, une cause de chagrin. Pour lui-même, comment la mort l'eût-elle effrayé ? Il n'y croyait pas, il la niait. Il n'accordait dans tout l'univers aucune place au néant : partout et toujours la vie, le mouvement, l'activité, le progrès, et, pour l'homme, une perpétuelle ascension, d'étage en étage, vers l'idéal de perfection dont il porte dans son cœur l'inextinguible désir ! L'immortalité de l'âme était pour lui une certitude absolue. Il en parlait sans cesse comme d'un fait indéniable. Un jour, un ami, frappé de l'énergie de ses affirmations, ne pût s'empêcher de lui dire : « En êtes-vous donc si convaincu ? En mettriez-vous votre main au feu ? — Oh ! s'écria-t-il, j'y mettrais mes deux mains ! »

Je ne sais pas quelles ont été les dernières pensées de M. Charton, ces pensées que la voix expirante n'a plus la force d'exprimer. Mais il me semble que dans ces entretiens muets que ceux qui vont mourir ont en eux-mêmes avec l'invisible, repassant tout le cours de sa longue et belle vie, il a pu dire avec le plus religieux des sages de l'antiquité, qu'il aimait et qu'il avait souvent cité : « Je voudrais que la mort me surprît dans des pensées dignes d'un homme. Je voudrais qu'elle me trouvât encore occupé à me corriger moi-même, et attentif à tous mes devoirs, afin que, dans ce moment, je fusse en état de lever au ciel mes mains pures et de dire à Dieu : Toutes les facultés que j'ai reçues de vous pour connaître votre volonté, je les ai cultivées de mon mieux. Autant que je l'ai pu, j'ai tâché de ne pas vous faire honte. Je ne me suis jamais plaint de vous ; je ne me suis jamais fâché de quoi que ce soit que vous m'ayez envoyé. Toutes les relations que vous m'avez donné à entretenir avec les autres hommes, je les ai fidèlement gardées. J'ai usé de vos biens pendant que vous l'avez permis : il vous plaît de me les retirer ; je vous les rends. Je me remets moi-même entre vos mains. »

Versailles. — Imp. de E. Aubert.

www.ingramcontent.com/pod-product-compliance
Lightning Source LLC
Chambersburg PA
CBHW062009070426

42451CB00008BA/417